NATIVOS AMERICANOS EN TEXAS

Janey Levy
Traducción al español: Christina Green

PowerKiDS
press

New York

Published in 2014 by The Rosen Publishing Group, Inc.
29 East 21st Street, New York, NY 10010

Book Design: Michael J. Flynn   Traducción al español: Christina Green

Photo Credits: Cover (hunting scene) Charles Marion Russell/The Bridgeman Art Library/ Getty Images; cover, pp. 3, 4, 6, 10, 14, 22, 24, 30, 31, 32 (Texas emblem on all), 3–32 (textured background), 12 (alligator), 14–15 (Caddo), 17 (bison), back cover (Texas flag) Shutterstock.com; pp. 5 (both petroglyphs), 7 (Galveston, Texas), 13 (Atakapa), 16 (pottery and village), 17 (figurine and shell), 19 (Angelina River) Wikipedia Commons; pp. 6 (Cabeza de Vaca), 16 (preparing meal) MPI/Hulton Archive/Getty Images; p. 9 (pueblo) George Eastman House/Hulton Archive/Getty Images; p. 8 (map) © GeoAtlas; pp. 11 (family), 27 (Quanah Parker) Hulton Archive/Getty Images; p. 21 (Native American) Paul J. Richards/AFP/Getty Images; p. 22 (Native American chief) George Eastman/Hulton Archive/Getty Images; p. 23 (desert) James L. Stanfield/National Geographic/Getty Images; p. 25 (Geronimo) Hulton Archive/Getty Images; p. 25 (Native Americans around tepee) Popperfoto/Getty Images; p. 26 (Comanches) Frederic Lewis/ Hulton Archive/Getty Images; p. 28 (Kiowa boy) Will Soule/Time & Life Pictures/Getty Images.

Library of Congress Cataloging-in-Publication Data

Levy, Janey.
Native Americans in Texas / Janey Levy.
   p. cm. — (Spotlight on Texas)
Includes index.
  ISBN 978-1-47775-031-5 (pbk.)
  ISBN:978-1-47775-032-2 (6-pack)
  ISBN 978-1-47776-420-6 (library binding)
1. Indians of North America—Texas—History—Juvenile literature. 2. Indians of North America—Texas—Social life and customs—Juvenile literature. I. Title.
E78.T4L53 2010
976.404'97—dc22

2009049058

Manufactured in the United States of America
CPSIA Compliance Information: Batch # WW10RC: For further information contact Rosen Publishing, New York, New York at 1-800-237-9932.

CONTENIDO

TEXAS ANTES DE LA LLEGADA DE LOS EXPLORADORES

¿Qué te imaginas cuando piensas en la historia de Texas? Con frecuencia, muchos piensan primero en los **exploradores** europeos y después en la Batalla de El Álamo y la lucha de Texas por su independencia. Sin embargo, los europeos no fueron los primeros pobladores de Texas. Cuando llegaron, había unos 30,000 nativos americanos viviendo allí. Sus **ancestros** habían llegado allí hacía más de 10,000 años.

Los primeros pueblos obtenían sus alimentos de la caza de animales salvajes y de la recolección de plantas y nueces silvestres. Comían búfalo, conejos, ardillas y serpientes. Se desplazaban con frecuencia en busca de comida. Algunos acampaban al aire libre y otros vivían en cuevas. Más adelante, algunos grupos que vivían en sitios con tierras fértiles comenzaron a cultivar. Su vida cambió para siempre cuando llegaron los exploradores españoles a principios de los años 1500.

Los pueblos antiguos de Texas solían pintar o tallar pinturas en las rocas. Los temas comunes eran hombres, animales, el sol, el clima, árboles y herramientas de caza y de combate. Aún es posible ver estas pinturas antiguas en más de 250 lugares en Texas.

Los exploradores españoles y los nativos americanos

El explorador Álvar Núñez Cabeza de Vaca fue el primero en escribir sobre los nativos americanos en Texas. En 1528, Cabeza de Vaca llegó a una isla cercana a la costa de Texas. Vivió entre los nativos americanos cerca de ocho años y luego escribió un libro sobre sus aventuras. Contó que los nativos americanos capoques y hans eran muy altos y fuertes. Se adornaban el cuerpo haciéndose perforaciones en la piel donde se ensartaban pedazos de madera. Usaban poca ropa, vivían en tiendas y eran **nómadas**. Comían pescado, **ostras**, zarzamoras, nueces pecanas, nopal, ciervo, búfalo e incluso lagartos, serpientes, ratas y arañas.

Álvar Núñez Cabeza de Vaca

Cabeza de Vaca nació en una aldea española cerca de 1490. Durante sus años con los nativos americanos, se hizo comerciante y curandero. Adquirió un gran respeto por esos pueblos y su forma de vida. Murió en España alrededor de 1555.

Álvar Núñez Cabeza de Vaca y unas
60 personas más llegaron cerca de la isla Galveston.
Esta foto muestra Galveston en la actualidad.

Cabeza de Vaca también escribió sobre otros grupos o tribus que vivían sobre la costa: charrucos, quevenes, yguases, deguenes, guaycones y quitoles. Todas esas tribus vivían igual que los capoques y los hans.

Más adelante, entre 1540 y 1542, Francisco Coronado viajó por el "**panhandle**" al noroeste de Texas. Mientras buscaba las ciudades de oro de las que hablaban los nativos americanos, Coronado y sus hombres se encontraron con los apaches. También se encontraron con los kiowas, los tejas y los zunis. ¿El nombre "tejas" te parece familiar? Pues debería. Texas tiene este nombre por los tejas. "Tejas" es una palabra de la tribu caddo del este de Texas que significa "amigo".

Casi en la misma época del viaje de Coronado, Luis de Moscoso Alvarado condujo a un grupo de exploradores hacia el norte de Texas. Moscoso y sus hombres fueron los primeros europeos en encontrarse con las tribus caddo y hasinai de ese lugar.

Esta foto de 1873 muestra al pueblo zuni en Nuevo México. En 1540, Coronado y unos 200 hombres atacaron un pueblo cercano, en busca de las "Siete ciudades de oro".

LOS NATIVOS AMERICANOS DE LA COSTA DEL GOLFO

Muchas de las tribus de la costa sobre las que escribió Cabeza de Vaca murieron a causa de las enfermedades que traían los exploradores españoles. Los que sobrevivieron pueden haber sido ancestros de los últimos karankawas.

"Karankawa" era el nombre dado a numerosos grupos que tenían un idioma y **cultura** comunes. Aparentemente, criaban perros y el nombre puede que signifique "amantes de los perros".

Los karankawas se pintaban y se hacían **tatuajes** en el cuerpo. Eran recolectores y cazadores nómadas que viajaban a pie o en canoa. Vivían en tiendas, hacían canastas y platos de barro, además usaban arco y flecha. Los hombres karankawas eran fuertes guerreros a los que les gustaba demostrar su fortaleza y sus destrezas.

A medida que fueron llegando los europeos, los karankawas lucharon para sacarlos de allí. También se enfrentaron a los colonos estadounidenses que comenzaron a llegar a principios de los años 1800. La lucha terminó en 1858, cuando los texanos mataron a los últimos karankawas.

Aunque no quedan ilustraciones de los karankawas, las de otros nativos americanos de la época pueden ayudarnos a entenderlos. Esta ilustración muestra a los nativos americanos del sur de California que vivían de manera similar a los karankawas. Esta familia viajera tiene incluso un perro que va con ellos. La ropa, sin embargo, es muy distinta a la que usaban los karankawas.

Aparte de los karankawas, había otro grupo de tribus sobre la costa llamado atakapas. Estos dos grupos eran muy distintos. Los karankawas eran altos y fuertes, mientras que los atakapas eran bajos, anchos y de piel oscura.

Igual que los karankawas, los atakapas eran cazadores y recolectores. Para ellos, un animal muy importante era el caimán, que les proporcionaba carne, piel y aceite. Quizás pienses que el aceite se usaba para cocinar y para la calefacción pero no es así. Los atakapas se frotaban el cuerpo con este aceite para que los insectos no los picaran.

caimán

Los atakapas también eran comerciantes. Negociaban con otros grupos de nativos americanos, con españoles y con franceses. Como comerciaban mucho con los europeos, muchos atakapas contrajeron las enfermedades de los europeos. Al final, las enfermedades mataron a los atakapas.

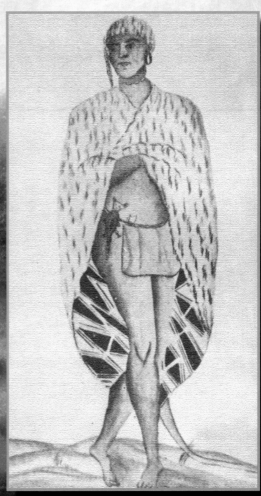

Esta pintura de 1735 muestra un indio atakapa con prendas de invierno.

TRIBUS DEL ESTE DE TEXAS

Al norte de la costa del golfo se encuentran los bosques y la tierra fértil de Texas. La tierra y el clima al este de Texas son distintos a la tierra y el clima de la costa. Por eso las tribus allí tenían otro estilo de vida.

Los caddos pertenecían a una importante tribu del este de Texas. La palabra "caddo" es en realidad una abreviatura de kadohadacho, que significa "verdaderos jefes". A diferencia de las tribus de la costa, los caddos eran cazadores, aunque también cultivaban la tierra. El principal cultivo era el maíz, pero también sembraban frijoles, chayote, girasol y calabaza. Hacían herramientas y canastas, y eran famosos por sus bellos objetos de barro. Su ropa estaba hecha de fibras vegetales tejidas. En ocasiones especiales, llevaban prendas decoradas con plumas. También se colocaban aros en la nariz y se tatuaban el cuerpo.

Este es un caddo moderno. Esta vestido muy parecido a como lo hacían sus ancestros hace cientos de años.

Los caddos también eran comerciantes desde tiempos remotos. Comerciaban bienes que llegaban desde lugares tan distantes como Canadá. Algunos objetos eran tan preciados que eran enterrados en las sepulturas de los jefes caddo y los miembros ricos de la tribu.

Como los caddos no eran nómadas, vivían en casas y no en tiendas. Sus casas estaban construidas con postes cubiertos de hierba. En el centro de una comunidad caddo había un montículo de tierra con un templo en la cima. Los caddos construían montículos de tierra para sepultar a sus muertos.

Los caddos usaban canastas y platos de barro para preparar los alimentos y ollas de barro para cocinar, como los indios que aquí se muestran.

Así es como un artista se imagina que podría haber sido una población caddo.

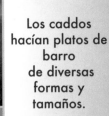

Los caddos hacían platos de barro de diversas formas y tamaños.

CADDOS

Cada poblado caddo tenía varios líderes importantes. Había un líder **religioso** y un jefe o cacique. En la población también había un grupo de **ancianos**.

Los caddos creían en muchos dioses. El dios principal era Caddi Ayo, el creador.

Los caddos elaboraban pequeñas figuras de piedra muy parecidas a la de esta mujer que muele maíz.

Mediante el comercio, los caddos obtenían conchas marinas de las tribus de la costa. Las decoraban con dibujos.

Los caddos cazaban búfalos por su piel y su carne.

CULTURA

Otro grupo de nativos americanos del este de Texas fue los hasinais, quienes estaban muy relacionados con los caddos y hablaban una variante de su idioma.

Al igual que los caddos, los hasinais vivían de la caza y de la agricultura. Sus principales cultivos eran el maíz, los frijoles y la calabaza. Sus viviendas eran muy parecidas a las de los caddos. También construían templos y montículos mortuorios. Cada población tenían un líder religioso, un cacique y también ancianos. El dios principal era Caddi Ayo.

José María

José María fue un cacique anadarko, de la tribu hasinai. Nació cerca de 1800 y probablemente murió en la década de 1860. Al principió luchó contra los colonos que llegaban al territorio anadarko. Pero pronto se dio cuenta de que había muy pocos anadarkos para derrotar a los colonos. Dedicó el resto de su vida a tratar de lograr la paz entre los anadarkos y los colonos.

Río Angelina

El río Angelina lleva este nombre por una niña india hasinai
a quien los misionarios llamaron Angelina.

En los años 1700, los wichita, alabamas y coushattas llegaron al este de Texas procedentes de otros lugares. Los wichita se llamaban a sí mismos kitikiti'sh, u "ojos de mapache" por los tatuajes alrededor de los ojos de los hombres. Los wichita eran famosos por sus tatuajes. También eran famosos por su hospitalidad con los forasteros.

Aunque los alabamas y los coushattas eran tribus distintas, se les llamaba alabama-coushattas porque habían vivido juntos durante siglos. Se asentaron en una zona boscosa excelente para la caza y la recolecta. La espesura del bosque evitaba que otros pueblos los molestaran. Ambas tribus vivían en cabañas de madera. Las comunidades estaban formadas por grupos de cabañas conectadas por senderos.

Los años 1700 fuera de Texas

Al comienzo de los años 1700, Estados Unidos como país no existía. Inglaterra reclamaba la mayoría del territorio a lo largo de la costa atlántica. España reclamaba la Florida. Tanto Inglaterra como Francia reclamaban las tierras entre los montes Apalaches y el río Misisipi. En 1754, se fueron a la guerra por esas tierras. Inglaterra ganó en 1763. También obtuvo la Florida de España ese año. En 1775, las colonias inglesas lucharon para independizarse. Ganaron en 1783 y así nacieron los Estados Unidos.

Este integrante moderno de la tribu alabama-coushatta está vestido para una competencia de danzas nativas americanas.

Tribus del sur de Texas

En el sur de Texas una vez vivieron muchas pequeñas tribus. En conjunto se las llamó coahuiltecos. Pero poco se sabe de ellas y no hay certeza de que compartieran el idioma y la cultura.

La mayoría de los coahuiltecos eran cazadores y recolectores nómadas. Esta zona de clima caluroso y seco era una de las partes más pobres de Norteamérica y sus tribus desaparecieron rápidamente. Las enfermedades y las guerras mataron a algunos, mientras que los colonos y otros indios que llegaron al área expulsaron al resto.

Cabeza de Vaca escribió sobre una tribu del sur de Texas, los mariames. Dijo que vivían igual que las tribus de la costa.

En la década de 1800, una banda de kickapoos se asentó al sudoeste de Texas. Los colonos los habían obligado a abandonar sus tierras, alrededor de los Grandes Lagos, y se habían convertido en líderes guerreros para proteger el territorio nativo americano de los colonos.

Jefe kickapoo

Este es el desierto de Chihuahua. Pertenece al Parque Nacional *Big Bend* al sudoeste de Texas.

NATIVOS AMERICANOS DEL CENTRO Y OESTE DE TEXAS

En las regiones del centro y oeste de Texas vivían más que nada tribus nómadas de las praderas. Seguían a las manadas de búfalos en las llanuras de tierras planas y abiertas de las Grandes Praderas. Comían carne de búfalo, usaban la piel para hacer sus ropas y tiendas, y fabricaban herramientas con los huesos.

Cabeza de Vaca se encontró con nativos americanos a los que llamó personas "de las Vacas", que probablemente eran los jumanos. Adornaban sus rostros con tatuajes o líneas pintadas. Fueron unos de los primeros indios en andar a caballo, animal que desconocían antes de la llegada de los exploradores españoles. Ya para el año 1700, los apaches habían destruido la cultura jumano.

Los apaches de Texas pertenecían en su mayoría a las bandas lipan o mescalero. Aunque sembraban, dependían fundamentalmente del búfalo. Su destreza para montar a caballo los convirtió en poderosos cazadores y guerreros, sin embargo, las guerras contra los comanches y los colonos los debilitaron. Los soldados estadounidenses finalmente mataron o capturaron a todos los apaches de Texas en 1873.

> Las tribus nómadas vivían en tipis como el de la foto. Los indios podían llevar los tipis con facilidad mientras iban de un lugar a otro.

Gerónimo fue un famoso líder y curandero apache. Encabezó a su pueblo en un intento por salvar sus tierras y formas de vida.

Gerónimo

Los comanches eran una tribu de las praderas que llegó a Texas cerca de 1750. Su nombre viene de la palabra india ute que significa "enemigo". Ellos se llamaban a sí mismos nermernuh, que significa "el pueblo". Eran destacados jinetes y su destreza los convirtió en excelentes cazadores, así como enemigos aterradores. La sociedad comanche era **democrática**: elegían a sus líderes y daban muchas libertades individuales. Aunque lucharon para evitar que los colonos se apoderan de sus terrenos de caza, finalmente fueron obligados a vivier en **reservas**.

Quanah Parker

Quanah Parker fue el último gran jefe comanche. Luchó sin éxito para detener a los colonos texanos. Él y su tribu fueron obligados a ir a una reserva. Allí, Parker ayudó a su pueblo favoreciendo la educación y los nuevos métodos agrícolas, y le enseñó sobre la cultura de los blancos. Logró que le dieran la ciudadanía estadounidense a cada uno de los integrantes de su tribu. Quanah nació alrededor de 1845 y murió en 1911.

Este grabado de 1800 muestra a un jefe comanche hablando a los integrantes de su tribu.

A comienzos de los años 1700, varias tribu de las praderas formaron los tonkawas. Las enfermedades y la guerra mataron a muchos, el resto se unió a otras tribus. Hacia 1950, ya no quedaban tonkawas.

Los poderosos kiowas, también una tribu de las praderas, eran odiados y temidos por sus enemigos. Fueron obligados a ir a reservas en 1875. Sin embargo, igual que la tribu de Quanah Parker, cambiaron su forma de vida y se convirtieron en ciudadanos estadounidenses.

Un pequeño grupo de tiguas de Nuevo México se instaló cerca de El Paso a finales de los años 1600. Hoy en día viven en una reserva cerca de El Paso o en la ciudad misma.

Estas son sólo algunas de las tribus nativas americanas que en algún momento vivieron en Texas. La región era el hogar de pueblos con muchas formas distintas de vida. Hoy, la mayoría de la tribus han desaparecido pero todas ellas ayudaron a crear la historia de Texas.

NATIVOS AMERICANOS EN TEXAS

Tribus costeras	Tribus del este	Tribus del sur	Tribus centrales y del oeste
Capoques	Caddos	Coahuiltecos	Jumanos
Hans	Hasinais	Mariames	Apaches
Charrucos	Wichita	Kickapoos	Comanches
Quevenes	Alabamas		Tonkawas
Yguases	Coushattas		Kiowas
Deguenes			Tiguas
Guaycones			
Quitoles			
Karankawas			
Atakapas			

Esta foto de Oso Solitario,
un niño kiowa, fue tomada en 1870.

PROYECTOS DE RESPUESTA DEL LECTOR

- Lee más acerca de las tribus que se mencionan en este libro. En cartulina para afiches, crea una cronología mostrando qué tribu apareció primero en Texas. Escribe la fecha, el nombre de la tribu (incluye otros nombres que podrían ser conocidos) y por qué vinieron.

- Escoge una de las tribus de Texas que ha desparecido. Imagina que uno de tus ancestros pertenecía a esta tribu. Usa la biblioteca y el Internet para aprender todo lo que puedas sobre esa tribu. Haz una redacción sobre lo que le pasó a la tribu y cómo pudieron haberse sentido sus miembros.

- Escoge alguna de las siguientes tribus: caddos, wichita, alabama-coushattas, kickapoos, apaches, comanches o kiowa. Usa la biblioteca y el Internet para aprender lo que más puedas acerca de la ropa y de la forma de vida de la tribu. Luego haz un dibujo mostrando un poblado o vivienda de la tribu y dibuja a los miembros de la tribu con las ropas que acostumbraban vestir.

GLOSARIO

ancestro (an-SES-tro) Alguien de tu familia que vivió mucho tiempo antes que tú.

anciano (an-siA-nos) Una persona que tiene autoridad por su edad y sus conocimientos.

cultura (kul-TU-ra) Las creencias, prácticas y bienes de un grupo de personas.

democrático (de-mo-KRA-ti-ko) Doctrina política favorable a la intervención del pueblo en el gobierno.

explorador (eks-plo-ra-DOR) Persona que viaja hacia nuevos sitios para aprender sobre estos sitios o buscar riquezas.

nómada (NO-ma-da) Una persona que va de un lado a otro, a medida que cambian las estaciones, para encontrar comida.

ostra (OS-tra) Molusco marino con concha que se adhiere a las rocas.

panhandle (PAN-jan-del) Faja angosta de territorio de un estado que entra en el otro.

religioso (rre-li-jiO-so) perteneciente a la religión o quienes la profesan.

reserva (re-SER-va) territorio sujeto a un régimen especial donde vive confinada una comunidad, como los nativos americanos.

tatuaje (ta-tuA-je) Un dibujo o diseño sobre la piel de una persona que se realiza insertando color dentro de la piel usando agujas. El verbo usado para hacer un tatuaje es «tatuar».

ÍNDICE

Debido a la naturaleza cambiante de los enlaces de Internet, Rosen Publishing Group, Inc., ha desarrollado una lista en línea de sitios Web relacionados con el tema de este libro. Este sitio es actualizado periódicamente. Use este enlace para acceder a la lista: **http://www.rcbmlinks.com/sot/nattex/**